Torre inversa (ainda, poesia)
Joaquim Antonio Pereira Sobrinho

Torre inversa (ainda, poesia)
Joaquim Antonio Pereira Sobrinho

2ª edição, 2017 | São Paulo

LARANJA ● ORIGINAL

Prefácio

Em 2005, Joaquim Antonio Pereira Sobrinho publicou
o livro *Torre Inversa (ainda, poesia)*, que relança,
em 2017, com modificações e novos poemas.
Relê-lo, na sua segunda publicação, significa, além de
revisitar o poeta, reencontrar a si mesmo, por meio da
retomada da leitura da primeira hora. Já descobri-lo
pela primeira vez é deixar-se enredar pela potência
da voz lírica que busca, como João Cabral, "cultivar
o deserto/ como um pomar às avessas", por meio
do rigoroso trabalho formal, em que reinventa sons,
escolhe palavras precisas, corta certeiro o verso, além
de reelaborar formas e temas da tradição, construção
cuidadosa do poeta sensível que, formado em
Letras pela Faculdade de Filosofia, Letras e Ciências
Humanas da USP, dedica-se ao trabalho com os livros,
na editora Intermeios.

Dividido nas partes "Sempre", "Antes", "Durante",
"Depois", "Além" e "Agora", o volume, já no grupo
de abertura — "Sempre" —, ao falar de amor, anuncia
o sofrimento como matéria de poesia. Seu poema
inicial, "Balada para a amarga Margot", invoca
a musa contraditória e o pranto do sujeito lírico,
constituindo-se como abertura da odisseia do
outro e do eu. A referência ao poema de François
Villon, "Balada da gorda Margot", retomando o poeta
francês do século XV que perambula pela cidade a
retratar a face desordenada de Paris, desvela o eu
lírico de *Torre Inversa* como aquele que percorre as
imagens da degradação amorosa, numa peregrinação
contemporânea em busca do amor, sentimento
nunca suficiente, já que ele é construído como

um simulacro transitório a que não se pode fugir ou como uma teatralização do desejo carnal — "doem-me mesmo os testículos [...]/ é simplesmente a fisiologia/ exigindo a renovação da vida,/ espermatozoides sonhando óvulos/ yang e yin, + e -, x e y, eu e". Assim, o trovador, num rebaixamento da figura da Idade Média, transforma-se em "troveiro", a entoar solitário o canto do amor amargo, sem esquecer o "ridículo do idílio" e sem deixar de sofrer por causa da ausência do outro — "À tua porta cerrada/ trago o meu 'Estou aqui, Ana'". Além disso, o título do grupo — "Sempre" — revela a procura amorosa como a busca que motiva a viagem do eu lírico, numa atualização contemporânea da viagem de Odisseu.

Na segunda parte do livro, o eu lírico retoma a imagem frágil e difícil do início da vida, construindo, por meio do embate entre o tempo presente e o tempo passado, o grupo de poemas em que o sujeito, a refazer a viagem de Ulisses, procura compreender como era a vida antes do começo do percurso, observando-a, agora, sob a lucidez do tempo maduro — "isso não via/ vejo hoje". Assim, em "Antes", o gesto tímido da figura materna, mulher do interior inserida no contexto patriarcal, define a imagem da "Jocasta" que, ambígua, é a mãe do pai do eu lírico, assim como dele mesmo. Além disso, nos versos do sujeito que percebe o leite derramado como a poesia da época da juventude, há a recapitulação de imagens antigas que se repetem na curva da estrada, como se estivessem sendo exibidas por um "projetor quebrado". Acompanhar essa retomada é perceber como a vida interiorana ligada à terra revela ao eu lírico a alteridade presente nos olhos dos porcos, numa consciência machadiana da própria existência: somos nós ou são os suínos, sacrificados sem culpa, que quase não temos olhos? No entanto, a volta do olhar ao espaço natal do Odisseu moderno não se faz sem conflitos, pois, se, para Konstantinos Kaváfis, Ítaca dá "a bela viagem", possibilitando que se percorra o caminho — "Sem ela não te porias a caminho" —, em *Torre inversa*, o retorno não é possível, apesar de encenado, já que está a se voltar à "ex Ítaca", numa viagem ao nada, em que o tempo histórico dilui o mito, numa derrubada da cidade grega.

Na visita à ex-Ítaca, a consciência de que as "sempre vivas/ chagas.// florem", numa perpetuação do sofrimento, cria para o próximo grupo de poemas a expectativa da permanência das dores, presentes tanto em "Durante" como no restante da viagem-livro, despertando, no leitor, o desejo talvez impossível de encontrar, nos versos, o lenitivo e obrigando-o, enquanto isso, a sustentar em sua sensibilidade, no lugar do alívio, o peso da dor. Se em "Antes" o eu revisita o tempo passado, em "Durante", relembra a preparação da viagem. No entanto, já no poema de abertura do grupo, "Farol", a expectativa da partida é permeada pela consciência do vazio, pois, ao olharem o horizonte a ser percorrido, os futuros argonautas com "esperança nenhuma" se deparam com o "nada" — "miramos apenas". Nesse grupo ainda se mantém o encontro do olhar experiente com a vida em seu início, capaz de prenunciar, na imagem dos colegiais, jovens como o personagem Tadzio, de *Morte em Veneza*,

o encontro com a face do tempo e com o "abismo
do medo". Ali, "o homem sabe", intransitivo e lúcido,
as dores de ficar à margem e as dores da partida,
assim como o rio sabe "a proximidade/ agastante do
engaste/ opaco da pedra", "o peixe sabe/ o revolteio
rápido" e o seixo conhece "o embate seguro/ do ficar//
à margem", conhecimento de mundo que, nos versos,
assume a sonoridade dos fonemas e o ritmo do corte.

Em "Depois", numa tomada de consciência do que
significa a velhice, o olhar do eu lírico detém-se no
tempo em que, ultrapassada a juventude, pode-se
reconhecer, no corpo, o peso do trabalho exaustivo
executado por quem se nomeia "sísifo da silva" e ouvir,
ao lado do ranger dos ossos, a música feita de desejos
antigos, num ritmo que marca a coreografia da morte.
Assim, o grupo apresenta o olhar perspicaz do eu,
quando se volta para o momento em que não
há mais a viagem, mas somente a percepção do "escoar
d'águas", vistas da margem, como numa espécie de
"Sôbolos rios" camoniano, em que passam imagens
de reinos e de Medeias antigas. Nessa parte, o eu lírico
do poema "Fusão", dirigindo-se ao leitor, desvela a
conjugação difícil de duas faces, a saber, a que está
mais envelhecida, capaz de perceber hoje olhares
alheios que fogem ao seu desejo, num gesto de desdém,
e a mesma face, quando jovem, que ostenta o desprezo
pelos olhares mais velhos — "tu foste,/ belo que
eras, objeto desejado, e,/ por sê-lo e sabê-lo, primavas
também/ em desdenhar desejos". A epígrafe do poema,
remetendo ao texto de T. S. Eliot — "Considera a Flebas,
que foi um dia alto e belo como tu" —, ressalta o

encontro entre a juventude e a época da maturidade, numa junção sensual entre o desejante e o desejado. Assim, se o argonauta estava procurando algum tipo de totalidade, fica claro, em "Depois", que esse objetivo pode ser atingido apenas quando a viagem cessar, já que a completude do ser é dada, no fim da vida, por meio da junção de Tadzio ao corpo de quem o deseja.

Na penúltima parte do livro — "Além" —, mais à frente na experiência do percurso, o eu torna-se capaz de ver e compreender a viagem-vida de forma ainda mais nítida, apesar de estar numa torre inversa, porque subterrânea. Nesse grupo, ele invoca deuses gregos e a tradição cristã, numa compreensão de si e do outro, e passa a narrar, como uma espécie de Odisseu, as dores da vida e a falta de sentido da existência — "narro o visto/ o horror (o homem)/ que pedi/ para não ver". O poeta, que não se furta à visão da máquina do mundo sabe, como Actéon — punido pela volúpia dos cães, após ter visto a deusa Ártemis nua —, que compreender as dores da vida é ouvir "os dentes se unindo dentro da carne [...]". Assim, o eu lírico, nesse grupo de poemas, é o deus-homem nascido da "Teo agonia", em que Ítacas, como água, são o choro que rompe o próprio ser. O deus humano, feito de privações, busca outros deuses, desejando tanto a turbação do sexo dada por Dioniso, como a presença de Apolo de "solar raízes", numa apropriação de contrários que encenam a totalidade desejada. Numa simetria, essa união de opostos aparece por meio de recursos formais, nos versos, em que o "ah" inicial — "ah que venham as noves luas" —, no poema dedicado a Dioniso, se transforma em "oh", no final do verso que abre o poema a Apolo — "em tudo perfeitas vós oh". Além disso, as "nove luas", musas invocadas no primeiro poema, ressoam, por meio da aliteração, nas "musas nove símeis" do segundo. Assim, apesar de opostos, por carregarem as imagens da orgia e da razão, os poemas estão próximos, marcados ambos pelo ritmo solto que desemboca, no poema "dioniso", no vocábulo "amo", que aponta os desejos sensuais do eu — "de ninfas e meninos amo// naxos? Me levem a naxos!" —, e, em "apolo", na palavra "imo" de quem quer também as "linhas retas e harmonia" — "delfos? me levem a delfos!". Ao lado dos deuses é desejada também Afrodite e seu "cheiro de verdor", amante de Apolo e de Dioniso. A sobreposição de contrários se intensifica, com os poemas finais, em que o deus-homem se aproxima da tradição cristã, invertendo-a, já que se reconhece como o poeta-deus "ungido" que, no entanto, maldiz as "palavras santas". Em "Aceitação", poema que fecha essa parte, no que parece ser a retomada do preceito cristão, há, na verdade, o constatar, algo melancólico e sereno, das possibilidades dadas pela viagem-vida, tecida pela linha infinita de Ariadne que percorre o labirinto sem fim, em que é possível, ao menos, "o prazer em refazer o enigma/ do caminho, esquecer o mapa" e "ainda isso: elevar-se/ com as asas da análise/ e ver-se bicho em verso", em que se mostra o fazer poético como o afastamento necessário para maior compreensão do próprio eu e do percurso, uma forma de prazer e de salvação. Assim, na sobreposição da antiguidade clássica e da antiguidade bíblica, os poemas de *Torre inversa* situam, na permanência — "Além" —, a junção das duas colunas de que derivou a civilização ocidental, revendo-as e inserindo-as no contexto contemporâneo.

O grupo que fecha o livro, "Agora", é marcado pela reflexão metalinguística, mas também é o lugar em que se fala da consciência de se estar à margem, do fim do amor, da morte e da dor da vida. Em *"para diane arbus"*, como a fotógrafa nova-iorquina, o eu lírico faz retratos dos despossuídos, cria imagens da morte e dá espaço aos marginais, vendo-se nos outros, ao construir, por meio da imagem alheia, espelhos do eu, entendendo, assim, a arte como o encontro de alteridades e uma forma de mistura de vida e de morte — "retratar a vida/ é um tanto morrer". Ao lado dessas questões, está a dor da paixão que deixou de existir, mas que continua a doer, mesmo na ausência do amor, dor narrada por meio da construção de um diário, feito por meio da sobreposição de pequenos fragmentos que lembram haicais, em que se parte da falta do outro e se chega ao "tanto faz" final e à constatação de que "amor é nada". Já o "bom vivant" às avessas, sente, como Flebas, a água "erosando as margens/ do interno sol dos ossos" e deseja ocasos, o cano de alguma arma e o doce do estampido. O eu marginal — o "ser [...] fora-do-mundo" —, cansado de sonhar, afirma a impossibilidade do futuro de quem, em exílio constante, é a estátua de sal bíblica, desde o abandono da casa, porque não deixa de carregar, nas retinas, as lembranças do que ficou. No entanto, persistem as imagens da possibilidade de se atingir o céu: as estrelas da boca e do beijo, recusadas, entretanto, assim como é negada a entrega ao beijo que salvaria o eu lírico da morte, sensual e irresistível, com "tetas bicos durinhos nas [suas] costas".

Além disso, apesar de, diferente de Ulisses, o eu lírico ser "lotófogo", não consegue, ainda no último grupo, se livrar da lembrança que "é [a sua] casa" e continua a retomar, no presente, a herança do passado, a Ítaca que, como a Itabira de Drummond, "dói como o coice". Assim, a ferida que lateja sem cessar vive no presente, mostrando-se, por exemplo, no ato de cozinhar, que traz em si a memória da herança difícil deixada pelo pai, o sabor da comida da avó e a falta da mãe.
O poema "ainda fazendo abobrinha" reconstrói o texto "como quem pede perdão aos mortos", colocado na parte "Depois", acentuando, pela referência ao rapaz que prepara os alimentos, a presença do ausente — "faço abobrinha/ como quem pede perdão aos mortos:// sim, pai/ lembro-me de ti, sobre ondas/ trazendo à mesa os frutos do dia", "sim, vó/ barco de borco sobre as ondas/ o verde odor dos teus pratos", "sim, mãe/ águas secas da infância/ tristezas sobre as ondas da tua morte". A inserção, no poema, da referência ao legume leva tristeza aos versos, talvez por carregar o sabor da horta do interior, o modo e preparo específico — "fios na panela/ água nunca" —, o cotidiano miúdo, que, no entanto, carrega muito valor, agora nas mãos do homem que quase profana a herança familiar, carregando, em si, ainda, a falta perene da mãe.
Se em "além" o eu lírico invocava diferentes deuses da antiguidade, em "Agora", apenas Cronos sobrevive, deus mais próximo da vida mortal do homem. Se, antes, o eu

lírico desejara Naxos e Delfos, agora quer Ítaca, o antigo povoado do Sol — "casa, me levem pra casa" —, mesmo sabendo não ser possível voltar ao tempo antigo. Assim, apesar de carregar, em si, a lembrança do tempo mítico dos grupos anteriores, o eu lírico, como Odisseu a carregar "a velha cicatriz anunciando chuva", percorre águas, sabendo da possibilidade do naufrágio e da certeza da ausência-presença do lar, que busca, no entanto — "meu lar é onde não o há".

A procura do herói é também a busca (ou a espera) do amor que, nos últimos poemas do grupo, passa a ser figurado por meio do encontro do eu com ele mesmo. Criando uma cantiga que lembra o tom melancólico do fado, com a música dos versos construída por meio de repetições de palavras e pelo refrão — "ai ai a carta que escrevi..!" —, o poema "a carta", em que o eu espera a correspondência enviada por ele para ele mesmo, é dividido em três partes, a saber, a espera, o irromper do crepúsculo — "ave-maria// a boca da noite" — e o tempo do medo, em que estão a perda da flauta de Pã, o pânico e a imobilidade, em meio à viagem. Assim, o poeta refaz o percurso de Ulisses, num estranhamento conseguido por meio de sua modificação, já que a *Odisseia*, origem do romance de aventura e do romance de amor, como lembra Adélia Bezerra de Meneses, ao ser retomada, apresenta Ítaca, não como o lugar do amor que não fenece, mas como o espaço em que o único encontro possível é do eu com ele mesmo, cumprindo, numa nova forma, a viagem épica que, para Adorno, é a metáfora do ser humano a procurar a constituição do próprio eu — "pudesse eu

colher-te/ neste breve instante/ em que te adolesces!//
[...] como um deus fender/ as dobras do tempo/ e no
olimpo sujar-te/ de ambrosia e amor!".

Assim, como vimos, a organização dos grupos forma
uma linha narrativa cíclica, no livro, em que o
"Antes", o "Durante", o "Depois" e o "Além" aparecem
circundados pelo "Sempre", grupo de abertura
do livro, assim como pelo "Agora", que o encerra.
Se, no início, é tematizado o amor como sofrimento,
no final, numa retomada do primeiro grupo, tem
espaço a angústia do fim do amor, acompanhada
pelo desejo de morte, única maneira de realização
do encontro amoroso. Além disso, a angústia de quem
carrega, como cicatriz, suas várias faces, cansado
da repetição da viagem e da perseguição dos sonhos,
leva ao desejo do suicídio, tema também presente
no último grupo — "não enfiarei a cabeça no forno",
"naufragar é preciso". No entanto, o poema que fecha
o livro oferece, no lugar do alívio para a dor, ao
menos, a possibilidade de sua sublimação, por meio
da arte. Ali, o eu lírico, apesar de consciente de ser
espetáculo para o deleite alheio, como afirmara no
poema "palanque" — "se eu quisesse, o que poderia/
eu dizer a vós, ávidos leitores?/ quereis ver expostas
vergonhas?" —, assume-se como a própria poesia, já
que, como estátua-stripper, revela no corpo, marcado
pela dor de ser estrangeiro, o fazer poético — "michê
nihil, animal todo/ meio-fio, no torto rito:/ dar-se a ver
no ato nato/ do fazer-se verso, visto".

Cristiane Rodrigues de Souza

Cultivar um deserto
como um pomar às avessas.

João Cabral de Melo Neto

Sempre

balada da amarga Margot

Sigam, Palavras, o rasto
códigos em meu peito
daquela que museia aqui

Cantem, Palavras, música
— numes em língua própria
àquela que gramática aqui

Dancem, Palavras, a dança
suas formas sob os sons
àquela que hineio aqui

Proseiem, Palavras, versos
um leve cicio na veia
daquela que heroína aqui

Teatralizem, Palavras, o pranto
neste texto sem palco
deste que plateia aqui.

princesas minhas

Agora que
inês laura
isolda heloísa
beatriz Eurídice
helena madalena

                    mortas demais estão
                    cantar posso inomeadas
                    fatais tanto quanto
                    ciscantes no cotidiano
                    pluris seduções cheirosas
                    fêmeas por aí

quermesse

nossa senhora
aparecida carente de festa
todas uma santas
essas meninas
padroeiras do meu amor
senhora minha cidinha

        — só Loro, o crente
        trabalha neste teu dia
        e suja a terra de fé —

        vicejam velas no cordão e no andor
        quem merece meu amor?
        todas umas santas
        senhora minha, cidinha
        mais tarde te pego
        atrás da igreja

cântico

ainda outra vez ainda
dancemos como quando ainda
nossos corpos eram música

o tempo rege o silêncio
oh doce companheira minha
desfeitas foram nossas tendas

ainda que sob nossos pés
arda o deserto nosso ainda
ainda assim dancemos ainda

oh sulamita de finos tímpanos
ouçamos agora o ritmo passado
nossos pelos vibrantes de vento

ainda que o frio ranja nossos ossos
dancemos a fingir calor ainda
fruamos os ecos e dancemos ainda

paixão: pós

depois do amor, a náusea
seca e amara flore a pele

pudesse estar estaria
pra lá do fim do mundo
cabeça entre os joelhos
comendo o silêncio

e aqui estou ele
cigarro de propaganda
no depois do amor

patíbulo

carrasco meu rascante
ouça o canto que te faço
sem musas somente pedras
dentes desgraças descoisas

aqui ao rés do tártaro
o castigo estica raízes
sou réu que sabe álibis
hybris maior que a maçã

dias em amorfo contínuo
lembranças são dupla dor
                              stix em fluxo na memória
mesma cena amor perdido

eis o canto carrasco meu
fundante de nós e tudo

transe

o favorito dos deuses,
naquela manhã puro sol,
viveu a cruz do abandono.
do ombro dourado
não mais fluía o olor de Apolo;
no jardim entrepernas
a flor de Brômio não lambeu o orvalho.

o imo peito, antes baía férrea,
de paradoxos morada,
um Hades brasa morna era agora,
róseo.

mas, de Cípris, uma aragem
acariciou seus belos membros,
recompôs suas feições,
novo semblante erigiu para abrigá-la,
a ondina espumante, a temida pura lua,
pérola refeita, novo amor chegante.

solteiro

doem-me mesmo os testículos
aos trint'anos do viver.
é simplesmente a fisiologia
exigindo a renovação da vida,
espermatozóides sonhando óvulos
yang e yin, + e −, x e y, eu e

algum você meu par estrutural
vagando na cósmica precisão
da máquina-sina, minha tampa,
sintaxe da minha linguagem

muda, medular, venosa, pelicular,
filme felizend, life grama verde,
pequerruchos rosados em chilreios,
chinelos ao pé da cama, pérolas
em cascata no teu pescoço, laço
apertado na garganta, passional
o sangue sujando o contrato

doerão-me ainda os testículos
aos cinquent'anos chegado.
bandeiramente, lirarei.

Juan II

as canções que fumegam
não são por você.
antes, um a um,
nenhum de vós.

a paz que singra os móveis,
notas melódicas sem acordes,
nenhum de vós habita.
e se digo — porque é primavera —
que teu corpo é gôndola em meus canais,
não creia-me.

o navegante,
quando sozinho é navio e mar,
inventa lastros e ilha —
a transitoriedade do casco —
e Sentas, areais, assentam,
mórbidas, na amurada.
e já serão Ofélias.

ciclos

1

em conserva nossas cinzas

como em Pompeia no último dia

último dia em Pompeia
triste grafite
este
parietal em Pompeia

nós.

2

o nós sei que já morreu

o dividir —

    dividir-se?

o nó desse nosso amor
maior que as mãos do marinheiro
o próprio mar

    desfez-se.

residual

nenhum caco especular
sobrou-te, uma lasca
sequer para espetá-lo
no agora palco tua dor

acabado todo o caber,
incontido amor, marca
que te ferra em brasa
no agora pasto tua dor

ri o ridículo do idílio
— ria da palavra idílio
no agora sarro tua dor —

roucamente em tua boca,
esgar de flor, orvalho
turvo, o esquecimento.

troveiro

no mundo não tenho parelha
ímpar arrasto amargo carro
rodas rangentes desmel do amor
choro cantando o cantar chorando

de feira em feira recrio dores
abro feridas e a música jorra
a arte mostro do pinho-espinho

noites em tavernas fantasmeio
suicidados tenho por pares
heterotérmico minha pele é treva
nas trovas provo do amor o travo

de feira em feira recrio dores
abro feridas e a música jorra
no pinho mostro a arte-espinho

mulo sigo grotões infindos
alma sertão sorvendo escuros
desparelhado maldigo a sorte
por ti, senhora, cantigas oro.

chulo

uma ou outra música já sabida;
umas doses além do necessário à lida;
uma insônia onde a alma mais velha fica;
aquela ferida aberta em outra ferida:

ritos funerários à alegria do amor ido,
exéquias raras do que poderia ter sido

mas nem quis os deuses ou você ou eu.
fulo sigo cego e digo chulo *tudo fudeu*.

milênios de história é muita história.
assim fica difícil amar — e rimar.

poética

> *Vida toda linguagem...*
> Mário Faustino

faço do perder
a linguagem do perder
ganho

novo tema
matematicamente
combinações

martírio
é matéria
bravia ao laço

soo além.

lamento alegre na praia

o mar grafado na memória
os heróis cruz na testa
minha afrodite madrinha
dores são lesmas sob sal

o infinito canta convites
doce fio entre mim e o mito
ítaca elíseos tártaro
o nácar o néctar a morte

o sol pétalas no meu dorso
amor esvai, vai, vem
mesma água outras ondas

a ostra do viver peroliza-me.

Antes

sinopse infantil

> *E assim nós prosseguimos, barcos contra a corrente,*
> *empurrados incessantemente de volta ao passado*
> f. scott fitzgerald

mãos dobrando desdobrando
tristeza terna
a bainha do vestido

sentada na varanda
uma velha quase cega
vem cá meu roso
a jocasta de meu pai

isso não via
vejo hoje

dobram os sinos.

poema de curral

o momento que passa
a chuva que passou
o amor que teima em ficar
a hora comendo os dias
o tempo me cavando o peito
a barba crescendo
o rombo da chuva na roça
a tuberculose que espero

me sobra poesia

e a vida e o leite derramam-se do balde.

copo

bebo com eles toda tarde lá na venda
trocamos palhas e fumo

depois, a cavalo pela estrada de casa,
vejo por ali, meio bichinhos,
os filhos dos meus amigos
rédea solta, penso no imutável do destino
nas repetições de um projetor estragado

toda a vida resumida naquela curva
a tapera e a flor

todos me conhecem e nada esperam de mim
porém seus filhos não me riem

e trocamos doses e fumamos juntos.

Alteridade

e numa fria manhã
descobri que os amava
são tão dignos em sua condição
tão livres que dispensam nomes
asas

depois, enquanto os matava
amei-os mais
eu podia matá-los
assim sem dramas
dar o sangue aos cachorros
são apenas porcos
quase sem olhos
porcos
...

em brasília, 19 horas

no coração do brasil
a voz
do brasil

na solidão de um homem
o coração do rádio
fala
baixo à noite

fala, pai
a voz do coração
nessa solidão
de brasil
a voz do rádio
baixinho pra mim.

o que fica

de emoção ficou pouco
muito pouco na porteira
meus olhos vegetais
incomodados com o berrar das vacas
o temor que algum amigo me visse
no feio ato de partir

de lágrimas, nada.
uma pescada amanhã outra depois
meu corpo feito rocha exposta aos ventos
deformando deformando
até formar um primeiro sentimento
a que chamarei
saudade

ou poesia

rincão 1

miseravelmente humano é o choro da velha
tristemente humano o riso do rapaz
a história da velha louca com água no ouvido
o rapaz tão-sem história
a puta pobre que sai a outros povoados
eu ali parado
tão humanamente distante

a velha louca o rapaz do riso
a puta pobre eu longe
tão doridamente humanos
sob a placa EXIT
da vila.

rincão II

ex ítaca
isso odisseu rilho
ilhado nestas itas

em ex ítaca

— o seu ódio meu —

o que digo, agora,
neste divã ágora?

Pródigo

reminiscência tribal
        a lua escorre
        e morre
                no mar
        meu sertão é logo ali
        atrás destas lembranças

dias
        o que não tenho
        não romantizo
        a auréola é um murro
        um urro do meu estômago

das armas
        um bagulho no bornal
        no saco ódio nenhum

previsões
        fita padronizada
        vomita o computador
        cairei do cavalo?
        as nunca tidas esporas
        esqueci na catedral

notícias
        bocas anônimas falam de mim
        rebrilhos do sol naquilo que não direi
        minhas patas, de revés,
        lamberão o pó da estrada

pertinho
  da amurada o navio contempla o convés
  meu coração naufraga
  ao peso do seu pulsar

bagagem
  reviro-a para buscar saudade
  achados e perdidos,
  procuro amor

na estação
  girassóis não são pastéis
  moscas revoam matinais
  margaridas flácidas esfregam-se no chão

passos
  são josé, que teu jumento pare
  na porteira sina minha
  sinos dobram
  na dúvida, puxo a cordinha

sentido
  estrela do mar, murcho sob raios oculares
  sem toilete a bordo
  secreto dejetos na minh' alma

da chegada
   o olho que vê
   boia num céu morto
   nem escombro sobrou
   no reencontro

   sem seriedade, riamos
   o crepúsculo fede.

Sequência

> *E a minha ficava/cada vez mais cheia/De tudo.*
> Manuel Bandeira

aquela explosão de há pouco
acalmem-se: a carroça histórica
passava

minha tia costurava
meu tio jogava
meu pai se afastava

eu fiquei
o sensível que fuma e ri

de minha avó contam que matou minha mãe
mineiros édipos
seduções passadas
este é meu futuro que um dia
será este presente:
dialético:
se te perderei, cheguei a tê-la?

vê o sublime no meu rosto?
são incidentais estas marcas
são chuvas que caíram lentas
quando eu sozinho dormia

e continuam as manhãs
de cabelos ondulados —
o vento deitando o capim
e a história, carroça de memória.

formação

tinha pernas finas
rondava sempre explodir
o mágico saquinho
a um olho semelho
verde de tão azul
ali no entrevísceras

era o fel
próximo ao fígado
é preciso arte no corte

tintura-visco, o visgo
a cor do amargor na minha mão
a carne perdida
uma mão em raiva arcando a minha à minha boca
lamba lamba lamba lama baba
a garganta em contrações
espasmos de prazer.

divã

e então era eu ele nós
pai filho espíritos ocos
frente ao indizível tempo

ao acaso o livro aberto:
discórdia, dia de ódios
outra página, em branco

túnel: o filho feito homem
indaga ao pai por que eu
cargarei tua pesada cruz?

pai filho espíritos ocos
tragédia cronológica sina
trono manchado de sangues

nós, o abraço nunca havido
cobra relando em cobra
asco áspero espelho mútuo.

elementar

cebolinha verde
minha vó morreu

pimenta
ardor na alma
eu e meu pai

sal
o sol castigando
o lombo, a lavoura
palha esperança

alho
a terra e seus mistérios
o que não sei

tudo socado no pilão
tempero de lembrar.

2/11

> *Viver não é passear por um jardim.*
> Boris Pasternak

dia findo, círios

meus mortos,
jardim de sempre vivas
chagas,

florem.

antigamente:
evocativo de ontem

antigamente:
voz passiva presente

antigamente:
fole sem sopro

antigamente:
galo na manhã

antigamente:
falha sã

antigamente:
antanho
antes

antigamente:
antigamente

o homem pobre

três peças sobradas
no aparador da memória.
porcelana,
antigo e completo jogo,
herança sem nome,
deuses lares que ele,
mesmo nem sabendo,
adorava sem incenso

era o que era:
um homem
possuidor de inúteis
três peças sem data,
inquebrantáveis, leves,
além, nem nada, apenas.

Durante

farol

os argonautas aportaram às seis.
o rei, tropas, trouxeram perguntas,
muitas e todas:
a Beleza existe?,
o Amor?, o Mar?, os Marinheiros?
nós somos chegados!, responderam.
eis-nos aqui, mitos encarnados.
trazemos os segredos da viagem,
a origem nos bolsos, a bússola
de direções escassas, o mistério
das feridas, o sabor do saber

isso disseram.
içaram velas
e ao mar se deram
nós miramos o horizonte
dês então.
esperança nenhuma.
nada.
miramos apenas.

aula

a manhã diz sou sol
renôvo do sempre

tudo que é, ri

dentes macios da vida
beliscam minha carne
amor, amor, tua marca
é enfeite invisível

laço da alegria
carpe diem
dourada mediocridade
local ameno o coração

amanhã, outra escola.

escola

certamente manhã, ventante.
bom dia para em Veneza findar
a beleza, a busca febre terçã.

é terça-feira. olho a rua.
colegiais tadzios em bandos.
faunos inda não abatidos,
faustos sem seus mefistos.
crono os guarda e aguarda.

eu também enfrentei deuses
nesse breve instante tadzio.
então, o tempo mostrou a face
e eu vi o abismo do medo.

manhã é e olho e analiso
corpos e cores ao vento.

margem

o rio sabe a proximidade
agastante do engaste
opaco da pedra

o peixe sabe
o revolteio rápido

o seixo sabe
o embate seguro
do ficar

à margem.

o homem sabe.

esfinge

o ponto no centro marca
a exigência
da queda

o caminho espiralado —

                        ariadne de áridos cornos —
                        a bela fera que esperar-te
                        deve —

tua trilha
tua decifração eterna —

                        ariadne tem uma praia
                        de abandonada,
                        um encontro marcado,
                        a hora dela —

qual deus te espera,
qual areia é tua arena
qual herói teu fio?

nihil

de sua arca seu ararat
noé cada manhã espera
a perfeita lisa terra

eu plantei um pé-de-cabra
garganta abaixo espinhos

vela no convés da nave
enviesado noé é bruta pena
fênix muda o mundo é apenas

eu plantei um pé-de-cabra
garganta abaixo espinhos

ao vento palavras troam
poeira noé poeira sonora
névoa tua visão terrena

garganta abaixo espinhos.

lamento de natal

nem tão ao mar meu lamento
às ondas entregue
garrafa quebrada na sarjeta
caco tetânico:
a pobre imaculada maria manchada de sangue
urina, âmnio, na manjedoura
contrai a mão e esmurra
o futuro
altera as feições da história
e pare o cristo

isto é natal e estou nada

sem cruz, caminho ereto
parindo eu meu cristo homem
em paz com a falta da falta
escarnecendo o espinheiro
prescindindo das provações

estou sozinho e posso dormir.

palanque

se eu quisesse, o que poderia
eu dizer a vós, ávidos leitores?
quereis ver expostas vergonhas?
hipócritas!, tendes as vossas!
ou não? tendes vida, ao menos?
que assim seja: dir-vos-ei coisas.

sou macho de humana espécie.
meu brinquedo funciona bom.
sou da classe nomeada cidadãos.
me comunico muita vez em versos.

é pouco, sei. mais, implorais?
sois como cristãos na arena
a esperarem leões catárticos!
burgueses sois em 22! mas,
ouçais, nem andrade nem nero sou.
desejais sangue,
sim, sei vossa sanha.
darei, pois! estou numa tristeza
que nem sei o que haverá de mim!
façais o que puderdes com isso,
é vosso, está dado, rejubilai-vos!
há aqui um homem triste, não um cristo,
homem por ele mesmo entristecido,
por sê-lo e sabê-lo vosso igual.

podeis dormir, agora, remidos leitores.

diagnóstico

está doente na minha alma
o aparelho digestivo.
há vômitos e enjoos constantes
às etéreas pedras que come.

seu aparelho reprodutivo
já abortou vários filhos.

não anda também boa das pernas
capenga sempre nos pântanos do sonho
seu aparelho psicomotor.

atrofiou-se e morreu
há muito
seu aparelho alegrador.

mas, a compensar todas as falhas,
maravilhosamente azeitado
funciona
seu aparelho da tristeza.

o nome da tristeza

uma menina linda
outrora quase minha
brinca (brincava?) de criar adjetivos:
mac, de macbeth, é predicativo
de sujeitos e coisas macs,
digo, ruins por demais;
hamlet, de hamlet, antônimo:
felizes coisas e gentes denominam.

ela diria de minha cara hoje
você está mac
e riria um riso hamlet
eu responderia não estou, eu sou
isso e mais coisas tristes
do que podem sonhar as palavras
velhas e novas.

de graça

precisas mudar de vida,
rapaz!, dizem os eles...
o tempo é remédio; ou:
o tempo será o espelho.

sim, eu sei (digo que sei).
e meu peito fica pequeno.
tenho muito medo, penso.
se ao menos amor tocasse
meu ombro, dourasse todo
meu corpo, comigo meu...

mas é Domingo e sempre.
restos do almoço, farelo
areiento na minha insônia,
a vida mudando de mim.

fórmula

se perguntado como vai vosmecê
responda sempre: bem e lindamente

mesmo que, e muita vez o é,
uma deslavada mentira seja

aceite, mesmo assim, tal conselho
assim erigiram um império belo
compuseram belas epopeias
e não foram bons

mas a quem importa a bondade?
aos feios, fracos e feios, é certo supor

então, responda
passo bem e lindamente!

fraqueza e feiúra e tristeza não lograrão
êxito ao tocarem teus umbrais.

roceiro

entocado.
toco de unhas.
velas.
lembranças.

viver é arrancar tocos.
o mais duro serviço.
bem empregada metáfora.
sempre tem quem sabe.

dicção de enxadão e cavadeira.
duro terrão cisco no olho.
suor, costa mão na testa, barro.
meio dia reverberante.
intrégua.

e não largar o eito.
antes, mais amá-lo.
nele fazer caber a pescaria
prazerar os gemidos, musicar os ais.
tecnizar a felicidade.

curso

aqui é aprender
perdas, as certezas:
palavras, palavrório

para a dor, técnica

renovar, sob o sol,
o nome do sol: chamá-lo
povoado do sol, rincão

para a técnica, verso

as coisas e o tempo
deuses e dores
cinzas ao vento

para o verso, dor.

Depois

idade

os poros em flor de outrora
matéria servil são de crono,
epítetos tantos,
de thanatos comparsa
nesta todinha farsa.

transformada obra,
este corpo carga histórias,
burro manso, sísifo da silva,
montanha sempre,
pedras no lombo.

hebes houveram.
néctar vário bebi na fonte,
amaro o sabor do amor lembrado,
o fugidio.

ambrosia, eternidade paladar
das palavras a ecoar na boca,
lucro único, mapa.

coreografia

a louca canção de outrora
toca agora, alhures, além.
arfa a agulha da carne
lendo a carne, a dor
da carne lendo a carne

os ossos ouvem e ringem juntas
unhas lascam os cabelos
a caveira barulha os parafusos
e ri
risos ósseos, de dentes

a morte dança sua dança.

fusão

Considera a Flebas, que foi um dia alto e belo como tu.
T. S. Elliot

ao fim, dia virá, sabes tu, em que
ao teu mirar, ânsia tua, seguir-se-á,
verás, fugaz, pois que não poderás
sustentá-lo, terás quase que intuí-lo,
um olhar que se furtará, não sem antes
um flagrante desdém, ao teu baço olhar.

ao fim do dia, deitado e sozinho,
mascando, nem te lembrarás de lembrar
que, em tão passados dias, tu foste,
belo que eras, objeto desejado, e,
por sê-lo e sabê-lo, primavas também
em desdenhar desejos. alguém guardou
de ti o rebrilhar oblíquo de uma mecha
de teus cabelos na virada orgulhosa,
flash esquecido por ti, agora, abjeto
sob inomeadas cobertas, as que sabem.

mas, queira tu e os deuses, dia virá,
ao fim dos dias, no qual tais dias,
estes de olheiro, se fundirão àqueles,
de olhado. disporás, então, da paz,
a doirada companheira, a que, evoé!,
tem pés leves, a que, insuspeita, é
chegada... dormitar, imorto, poderás.

devir

o tempo, perdido, choraminga
à mingua, filhotinho de gato,
unhas na porta, pedinte de ontens.

o projetor cospe os cortes,
tudo que quase foi, não sendo nunca.
lembrança, palavra antiga.

a fácil cruz insinua-se nua,
pornô pede pedidos de perdão,
braços abertos de um deus sem carne.

mas o amanhã, meu herói, dispara,
dadá, seus dardos de puro caos,
cosmo futuro, aqui, sempre, perfeito.

teia

os dados
nunca ao acaso
lançados estão

a determinante passado
orienta a mão
infinito movimento

o resultado é esta paz
a tarde iluminuras do azul
dados que ora jogo
no tabuleiro do amanhã

como estarei não sei
mas as palavras ditas
carregarão esta imagem
eu e a paz da tarde azul
o amor diálise em meu sangue
suspensos sonhos
os dados rolando no ar...

jasão

a soleira da porta
a barranca do rio
a beira do mar
meu cachorro e eu

maravilhados vemos
o tempo
escoar d'águas
ondas
carros
reinos, medeias, deuses
formas do que passa

e ficamos
ex-argonautas
meu cachorro e eu

pecador

os pingos ferventes limpando
as mãos dos pecados puros.
procissão, louvor ao ignoto.
a vila pequena como os crimes
(o pecado usava calças curtas).

agora é tudo dor, imensurável.
menos deus, que é menos, minúsculo.
de minhas mãos queimadas de tempo
escorre um mundo que não é bom.
ou talvez meus olhos não o sejam.
se vejo o mal, tenho-o em mim?

comi a fruta da pluraridade.
adão adorador dos interstícios,
o andor que sigo é signo apenas.
a carne é triste, livros doem,
pingos ferventes na alma.

    como quem pede perdão aos mortos:

sim, pai

    lembro-me de ti, sobre ondas
    trazendo à mesa os frutos do dia
    — tua horta, teu cuidado então odioso

    com as pequenas coisas da terra

sim, vó

    barco de borco sobre as ondas
    o verde odor dos teus pratos
    a faca batendo leve
    fios na panela
    água nunca
    há o bastante para a prisão do sabor

sim, mãe

    águas secas da infância
    tristezas sobre as ondas da tua morte
    o sabor de teus pratos
    não houve tempo de sabê-lo

    alimento minhas úlceras
    a dor em ser homem
    como quem pede perdão aos mortos.

Além

visão 1

árcade
torre subterrânea
mais alto enterrado

as vergonhas do mundo
saradinhas não
mass mídia

perverso
narro o visto
o horror (o homem)
que pedi
para não ver.

visão II

por arte de ártemis,
eu, actéon, pasto de cães,
de déu em déu aos deuses clamo
paz — carne e capim, massa.

fraca e bela como tudo que fede,
a diva pele, no arrepio da água,
eu, actéon, vi, e vi, e vi...
eu sei: viver é destroçar sonhos.

e vejo ainda e ainda ouço
os dentes se unindo dentro da carne minha —
os olhos meus-do-cervo vítreos —
você cadela no vitral do lago,
pantéon de iras, triste estirpe —
cadeias do castigo — eu, actéon,
vi, e vi, e vi, e vejo, e verei,
e mais veria se mais nudez houvesse.

ah, venham, cães, o que sei ninguém morde.

drama

hefaístos ígneo trabalha
o metal da vida.
retorce ligas amorfas,
formaliza formas.
a espumante afro esposa
dança madrepérola
forjada d'águas, bonita,
modelar modelo,
sua musa solta membros
perigosa.

noutros ares plana ares.

deuses escarnecem deuses
e homens...
a rede recorta perfeita,
prende e arde.
marca.

não ria ainda.
há sempre um deus pousado
abutre no moirão da tua porteira destino.

o dispersa-nuvens ronca.

teo agonia

ítacas vazando pelo ladrão do peito,
boia batendo na tampa,
águas molhadas de lágrimas
açude nos olhos olhando a tarde

assim um homem é distância.
poeira por sobre o outrora amado
mundo, vasto verde que ora arde
desde o dedão células acima

assim um homem busca deuses.
a saudade incendeia incensos,
círios alumiam as miragens todas,
passadas, sóis reverberantes.

assim um homem nem homem é,
deus sim, próprio, das privações.

oração

deus cresce
proporcional ao medo
ao tempo
à diminuição do mundo
ao esperar sem esperança

em tudo que decresce no homem
deus cresce

oremus...

dioniso

ah que venham as nove luas
orbitais do monte carne
e tu dioniso eu nem penteu
turbinado baixe extático
tua turba meu sexo turve
cant'eu danc'eu tes'eu
sob tensos braços gráceis
tanger do sabor a fímbria
sêmele hera de agave ter
das feras a doce morte
nos corpos todos ressoar
de ninfas e meninos amo

naxos? me levem a naxos!

apolo

em tudo perfeitas vós oh
musas nove símeis acordes
agora loas entoem a ele
ele o free-arqueiro letal
de zeus e leto ele nado
ele lira ele bélico ele
em ílion ele de páris par
pele ele de solar raízes
hiperbórea seja minh'alma
azul branco a ti meu canto
linhas retas e harmonia
morem neste meu peito imo

delfos? me levem a delfos!

afrodite

teu cheiro de verdor
salsugem vaginal
aquática

espuma de estrelas
branco chiante
solar

tuas células mica
na areia gênese
pérola

manto ritmado
do doce morrer
no mar

afrodisia.

Cipris? me levem a cipris!

cristão

nem telha tenho
caco-coisa
fé que me sustenta

jó quimérico
sonho solidões — doce pantera —
mortes teço e meço:
para lúcifer o inferno é lar

trinta dinheiros tilinto à paz
nó perfeito golpe na glote
quem melhor matou cristo?
o rapaz holbein ou o escariotes judas?

mas, se o outono inda teima em meus verdes,
a esperança há de estercar a esperança,
a própria carne redimirá a carne
(outrora ansiei consolos
diga aos sábios que morri).

fé

> ...à parte isso, tenho em mim
> todos os sonhos do mundo.
> Fernando Pessoa

não posso ter e não quero ter
em mim todos os sonhos do mundo.
uns que tive, poucos, tive que,
defuntos, por muita légua de anos,
dor nos ombros e fedor suportar.
poderia eu o cemitério de todos?

homem nenhum em seu cercado pode
criar tal criame, crias do escuro.
carcaças, fuligem, demais de muita.
assim almas carcaceiam, fuliginam-se.

melhor seguir creio em cinza cor,
tom neutro sobre tons sem música.
tico ou nada esperar no em fim.
enfim em paz nada ter que repor.

explicação

colar de noites meu colar
cocar auréola pura noturna
pintura escura para a luta
ungido: mujo meu rugido:
declamo o preço mostro o pau

(quanto mais livros mais preso
menos sei o aprendido, livre
mais o resto é carne, terrena
barro marrom que moldo, mãos)

mais deuses não tenho e faço-os
meus mal digo as palavras santas
todas as desejadas as lapidadas
obra lápide, o lidar que adoro
diário, minutário, o que merco.

aceitação

a linha, ariadne, é infinita.
o labirinto, herói, é infinito.
daí o prazer em refazer o enigma
do caminho, esquecer o mapa.

e ainda isso: elevar-se
com as asas da análise
e ver-se bicho em verso
os cães do amor marfins gelados,
e a vida, coisas-dentes, coisas-cortes,
as mesmas outrora sedas
e que sedas sempre uma vez mais
serão, sedentas de espinhos.

e o que foi terá sido
o perfeito percurso:
fio, herói, monstros, ninfas
e eu.

Agora

para mostrar que poderia

a incomunicabilidade tem falas
afiadas e forma vária signal e
mais não digo pois sois estéreis
vossos ouvidos assim como minha
língua apoucada de cultura e luz

o movimento da comunicação não
não cobre a ilusão ótico lual
do sertão meu urbanoso de saber
q nada brilha blue frásico basic

tão bão balanço de escadeira e
gemeção cangote grudado no teu
gargalo glup galope garupa sub
cunha na tua agulha aburacada
disparada ao sol oculto sujeito

gramatical cansado de sob ele
homens criarem nada de novo e
evangelho segundo ego nem febo
sem musa é música nem água rio
nem rio hilário em ondas verbais
e a pergunta vem você entendeu

para diane arbus

1. todo espelho é mágico
aos que podem encará-lo

2. os despossuídos possuem
o que nunca saberemos

3. o olho que vê
o abismo nas peles
um dia cegará — ninguém pode ver tanto

4. se os disfarces nos revelam,
como ficaremos nus?

5. descobrir-se é despir-se do outro

6. banidas as deformidades,
o que sobra do que nos vemos?

7. aprender, num piscar de olhos,
o todo "era uma vez"

8. um espelho, outro espelho,
você entre ambos:
abra os olhos

9. sob o sol, o caco de vidro
arco-íris sobre dejetos.
você vê?

10. um homem com as vísceras nas mãos
é você?

11. o primeiro inspirar o último expirar
dentro do clique

12. sob as lentes,
nós, as alteridades singulares

13. retratar a vida
é um tanto morrer

14. os fora-do-cabo
têm a serventia em sê-los

15. minha alma, tua alma
apenas diga x

nada há na alma a importar-se com a carne
agora sabíamos os caminhos
a palavra não tem curva?
tem, é pura curva o que busco, meus santos sem trilhas
imagens quebradas, cacos, mosaicos, nova fé, infeliz,
as mãos postas, joelho caloso sobre o estanho derretido
dos castiçais, as gastas vidas naquela sala doente,
barroca língua — insalubre, óbvio, castiça língua

bicho que sabe nado ao domesticar-se

a palavra não tem curva
caldo do que fomos, as letrinhas na sopa do poeta
eram encurvadas de velhas, entornadas
como compor a palavra amor sem a quebra de sílabas?

minha eva, minha égua
nas tuas palavras sem curvas, sobre seu sangue,
                             [sobre seu rabo negro,
absurda fruta, aquele sumo, meu sacerdócio, os porões
                                     [de minha alma
abarrotados de escuros cânticos, navio negreiro,
                                   [é lembrança clara —
as palavras, curvadas ao peso de tantas bocas,
                        [saem da minha com o sabor das curvas,
nesta encruzilhada meio-dia, venham os cães e seus
                                          [demônios,
diadorim está morto, urutu branco, rio, quero o pacto,
                                            [cospe aqui,
esse corte no dedo sobre o corte no teu dedo, mauro,
                                             [mouro traído

é óbvio, klébnikov, quando morrem, os homens cagam;
os que nascem talvez ainda cantem

Diário da paixão

1. acordar é não vê-lo, retinas brancas
2. teu nome dói como todo recém-túmulo
3. passo a passo, o dia — revoar das tuas asas
4. ave-maria a hora — teu cheiro renomeia a melancolia
5. noite, fedor de anjos mortos — teu nome, desespero
6. acordar coração cego, teus olhos que não me veem
7. sob meus pés o dia arrasta as brasas da saudade
8. vermelho sol, o ódio de amá-lo tinge-se de solidão
9. o escuro brilha podre de amor — vagalumes morrem
10. no espelho da manhã teu hálito que não há
[embaça minha vida
11. bicho triste, cheiro os lençóis impregnados de nada
12. teu nome, anjo que não me guarda, descanta em
[meus tímpanos
13. as horas desarticulam as sílabas mudas da tua voz
14. breu, os demônios sopram as velas que iluminam
[tua imagem
15. acordar é não tê-lo — pétalas brancas esvoaçam
[leves
16. deus não é perto — e as folhas não me acariciam,
[clarice
17. os dentes escuros do esquecê-lo esculpem meus
[ocasos
18. restos restos restos, eu, o cansaço de lembrá-lo
19. a noite esmaga lembranças, natimortas
20. acordar e não vê-lo, tanto faz, branco esquecimento
21. sinos longe, teu nome signo morto...
22. em luto, nem minha alma sonha-te nós
23. teu revoar em outro céu já não é brisa em mim
24. viver é longo; a arte é curta; amor é nada.

bom vivant

acordar cansado de sonhar
em manhãs manchadas por chuvas
erosando as margens
do interno sol dos ossos.
passos opacos, ecos do mundo.

— onan sem mãos, deus
ateu de si:

sísifo feliz com sua sina
lázaro a empedrar o túmulo
no peito:

persisto em ansiar ocasos.

cano

dias que assim são
nãos
raros são assim
sims

mais os dentes ardem
sem sóis
morder sem medo o ar
dos lençóis

que sei de cor e som
estampados
diques do amor
castor

o estampido é doce.

conversa

pneus rodam
veiculam a distância
você de mim, eu de vc, me de ti

nem nada, como se,
homem e mulher, ambos,
sabemos os quem, sabemos o quês

e daí, o nada, nós, tempo teremos,
crentes — em quem?, no quê? —
deus não, não nos salvará de nós, nus

no meio, um fio, unzinho, separa-nos
da danação de nós — para nós é tudo:
desse pneu que canta, as curvas somos —

: modernos, pontuados, criamos rios,
ladainhas, lá de longe, nossas bocas
sabem nossos hálitos, o além-discurso —

das palavras, o que resta é a saliva gasta.

economia

fora do mundo ser o fora-do-mundo
à frente é este o preço
nem homem nem bicho, isso

nessa lida a vida gasta
como seixo que sabe
cada grão ficado sêmen
pedras sim ferem sempre

estéril o ventre futuro —
aquele óvulo pérola

viver é simbólico.

casa

quando a deixei não a olhei
sabia-me já estátua de sal
para sempre ali, sob ela, a casa

exílio tem dessas coisas antigas
olhar horizontes olhos no chão
perdidas lembranças cantam
acordes duros quebradas lágrimas

não

aquele baile aquela boca aquele dorso

este domingo esta casa esta música
esta arma entre os livros a poesia
ainda teimam imagens: o céu é logo ali
dista deste aqui um toque um sim

que não direi, amor...

klimt

no céu —
da tua boca —
estrelas cantam
a música da língua minha

no céu —
da minha boca —
brilhantes sóis
dançam à língua tua

nos céus —
de nossas bocas —
cantam e dançam os desejos —
nossos beijos.

o beijo que não beijei alice

senti a morte namorada namorando-me
safada no meu cangote fungando a treteira
tuas tetas bicos durinhos nas minhas costas
um arrepio da nuca ao dedão torre abaixo
macio seu sopro túmulo convite vem comigo

lembrei-me do muro perfeito para ralar o relógio
a boca que ouvia doce em seus gemidos que não ouvi
meus olhos fixos morto de vontade era a pura vontade
e eu não te beijei, alice, como pude não beijá-la, alice
ali antes da morte que agora me beija no muro perfeito?

tivesse alice beijado com todas as vivas línguas salivas
teria coragem a morte de hoje beijar-me assim despudor
a vadia nesse ápice de abismo nesse desdesejo desalice
teria o beijo alice vedado o beijo dessa que agora me beija
sobre o beijo alice que não beijei naquela tarde muro vida?

cronos

o tempo diz sofra o tempo
sua mão pesada esfolando:
fibras orgulhos eus

esse cão se diz deus
e sua fauce, despudor,
quer ser troféu em mim

nas minhas sombras dele
afio com a língua a foice-sempre:
desta vez, na garganta o golpe —

sem mar para sua estirpe,
teu sêmen semente seca
afrodite abortada, eros nunca
nascerão

casa, me levem pra casa

aos deuses, que importa o tempo?
e a mim, homem, que importam os deuses?

leminski disse, sábio samurai,
fiquem vocês com teus problemas; os meus, meus.

rodeio

a dor do touro
no desespero da espora
um algo grudado no lombo
tenaz tristeza
sangue mapeando o picadeiro
casco fincado
corcoveio poeirento
— o pó do que somos —
pânico nas pisoadas palavras

a vida e seu delírio
doendo no touro
no homem
nela mesma.

teu nome caiu na minha boca,
espinho no nervo,
aberta porteira do verso
— faz tanto que não tento —
     a velha cicatriz anunciando chuva,
rasga-mortalha sobre o telhado.

nesta noite
minha alma é pântano.

        o olho da noite
        sonda no meu infinito
        analisa os interstícios do meu dia:
        microtudo: epopeia, tragédias,
        comédia,
        vislumbres, cacos, deslumbres.

        sugando o ovo
        um animal

        sugando o osso
        um animal

        o corpo sabe

doméstico

leio a Plath, Sylvia
com os cotovelos no joelho
olho o abismo (como se)
vejo o tapete sujo

a panela de pressão canta
possível hino aos deuses Lares

meu lar é onde não o há
quem virá à minha mesa?

não enfiarei a cabeça no forno.

a cada dia mais um dia
noites entre —
nós, o nó da vida

entredentes
a farsa do saber
tempo sempre cicatriz —
como florir incólume?

e entre nós, nós.

do oco do bambu
do estalo da mamona
do buraco do tatu
eu vim

farsa até o fim
lágrimas no camarim
morte festim

o que será de mim
assim?

paz onde? a nau singra
os mares das noites —
piso pérolas, falsas mesmo que belas

balanço vômito: todas as bocas
escarlatam no breu brilhante —
ilusões são luzes de duração curta

as pontas da bússola furam olhos.
horizonte estrela, a insônia —
manhãs cansam corpo e esperança

naufragar é preciso.

viva o boteco
com o bote vil —
vagar sozinho
mundo meu

vilão   da vila
          no boteco
no bote   covarde
vil do meu coração
no teu   coração

quinta dos quintos
requinte requentado —
para lúcifer, o inferno é lar —
: o quarto, desdormido,
aguarda dentes dantes:

não mordo mais a fruta
da pluralidade — adão desandado,
o andor ronda meus nulos dias:
não adorarei — queimei todas a velas

e mesmo assim o navio sangra o mar
sob o peso dos sonhos não sonhados:
(é de amor que falo, entendam)

Tragédias pairam por sobre,
e entre, meus passos calmos.
Sempre um crime, uma salobra
saliva na língua, na úvula.

Cuspo cacos de vocábulos, fiapos
comidos às narrativas clássicas,
sebos dentais do silenciar-se.

Em verdade um lirismo heroico,
arcaico e cavernoso do caçador
e seu mamute destino, o instinto
que dói e busca e cria o divino
no animal que há, sobra e fome,
óbvio homem, espelho falho
por onde ando, falo, escarro.

percurso

como se fosse amor
flores de mar na janela
o jardim aéreo da cidade
o gérmen do amanhã viscera em mim
rastejante paz em meus pés
de minhas mãos ela lambe sangues
nada pode tocar minhas guerras

leio em livros outros homens
muito os tenho buscado
apenas espectros encontro
sombras contra meu imenso sol
porões de tristeza em minhas veias
meu amor é laser a atravessá-los

deuses esporeiam minhas virilhas
dourados palanquins que me incitam
perseguido sigo perseguindo-me
nenhuma trilha permite pernoites
cada ponto é um centro sem volta
somente as pedras devolvem minha voz

como se fosse amor
solidão e ódio humanizam meu corpo.

a carta

espero uma carta que escrevi.
ai ai a carta que escrevi..!

somente ela me diz o que quero ouvir.
ela diz o que quero ouvir para mim.

feitiços sobre ela exerço perfeito.
ela dirá que está enfeitiçada por mim.

espero uma carta que me escrevi.
ai ai a carta que me escrevi..!

somente ela dirá o que quero dizer.
ela dirá o que quero dizer para mim.

fascínio meu sobre mim exerce ela.
ela fascinará a mim pelo dito por mim.

espero uma carta que me escrevi
ai ai a carta que ninguém escreveu pra mim.
ave-maria

a boca da noite
dentes na minha carne

a boca da noite
podre odor de morte

a boca da noite
garganta profunda

a boca da noite
entrada para o quarto

a boca da noite
riso de buzinas

a boca da noite
cloaca de mais um dia.

a espora e a clave de sol
objetos lado a lado díspares
uma ferida que é linda
e dói e flore
flores-serpentes
medusa na medula
o medo

(a flauta de Pã
a trilha perdida)

cindida felicidade
neons e corujas
os caras e as minas

(o pânico som
cegando os passos)

qualquer sul o norte
prisão sem porteira
ô mundo esta alma
a aprender a carne

festa

lembrei que não te esqueço.
não há como, tempo, espaço
ou outra boca que beijo.
e nada é mais aço que o doce
desta saudade que trago.

intuo uivos, lamentos brutos —
os artifícios do fogo silenciam alegrias.
sem margens a cidade é pântano
imantado de vagalumes —
ao meu naufrágio, a beleza é porto.

Oh nunca dado guardado amor
tuas chagas florem minha pele,
mapa do teu nome esquecido.

E não me esqueço de lembrá-la!

ainda fazendo comida

faço abobrinha
como quem pede perdão aos mortos:

sim, pai
lembro-me de ti, sobre ondas
trazendo à mesa os frutos do dia
— tua horta, teu cuidado então odioso
    com as pequenas coisas da terra

sim, vó
barco de borco sobre as ondas
o verde odor dos teus pratos
a faca batendo leve
fios na panela
água nunca
há o bastante para a prisão do sabor

sim, mãe
águas secas da infância
tristezas sobre as ondas da tua morte
o sabor de teus pratos
não houve tempo de sabê-lo

alimento minhas úlceras
a dor em ser rapaz que faz abobrinha
como quem pede perdão aos mortos.

tio

no meio do caminho
o meio da vida
pedra do aprender
(nenhuma poesia)
mundo não mais pasto
antes, boi, masca-me calmo
enquanto rumino o sido.

do lótus talos e tudo
suguei heróico e ávido

Lotófago fui mares a fio
margem própria e sintaxe

A essência do esquecimento
ferida foi em meu cérebro

Desoriginado erigi portos
em muitas mãos comi manso
preparando bote e presa

mas
ao leste da memória o sol
nasce em diária morte:

lembrança é minha casa
— para lúcifer, o inferno é lar —
barco que sabe sua pedra
mar que sabe seus náufragos
praia que sabe seus escolhidos.

auréola

bronha, pica, porra
comer, chupar, ferir
palavras impregnadas de homem

de boca cheia pronuncio-as
prece vitrificada
muito além relampejam

Deus,
como é amplo o jardim do mundo
quão tortuosos Teus caminhos
que doçura Teus espinhos!

o eu mais bonito
o que fala arrevesado
que entende de terra e chuva
esse fica

o que pesca, namora e briga,
o de pele solar,
que nunca viu o mar,
esse fica

o rústico, o banal, o gostoso,
dono de árvores e vacas,
o da namorada mais linda,
esse fica

quem vai sou eu,
feiuras tantas, versos tantos,
mágoas tantas, sonhos poucos.
Ah, ele fica!

hoje deuses não cabem em mim,
nada que esvoace, levezas.
o demônio quero, redemunho,
esporas em minhas pétalas.

às najas da saudade, a carne expor.
parelha das sempre presentes parcas,
cheirar e lamber o fedor da morte.

ódios, lodo, rastejos venham.
que minha alma seja ninho
a pântanos, erupções, miasmas.

topógrafo serei do desparaíso,
o provador de fel, el desdichado.

aqui invoco tudo que rosna,
deformidades, caos, uivos,
os elementos feitos para doer.

aqui exorcizo-te, horrendo amor.

declaro sim tenho ítaca
um povoado chamado sol
pouca ruas casas de barro

ali plantei meu umbigo
e meus sonhos nasceram
e ainda em mim lá vivem
férteis hoje do que não fui

e ítaca dói como o coice
que não levei do cavalo
que não tive como a terra
que não arei com as mãos
que não plantei os filhos
que fortes não vingaram

mais do que ítaca
trago em mim florença
e dante que muito a amou
e não olhou-a sequer na partida
e mesmo assim sou estátua
do sal da saudade daquele sol
queimando-me neste frio estar
aqui.

sublime

pudesse eu colher-te
neste breve instante
em que te adolesces!

pudesse eu conter-te
nesta magia corisco!
como um deus fender
as dobras do tempo
e no olimpo sujar-te
de ambrosia e amor!

pudesse eu dizer-te
nada disso que disse.
carne catar-te carne,
aqui mesmo melar-te
dos sumos de homem,
saliva, suor e sarro.

pudesse eu foder-te!

stripper

calço botas para decalcar
versos que tinem esporas,
cinco pontas, star no pé,
faíscas no céu, neste chão
celeste tão azul, marrom.

deus noturno, (como se),
michê nihil, animal todo
meio-fio, no torto rito:
dar-se a ver no ato nato
do fazer-se verso, visto.

Índice de poemas

Sempre

23 balada da amarga Margot
24 princesas minhas
25 quermesse
26 cântico
27 paixão: pós
28 patíbulo
29 transe
30 solteiro
31 Juan II
32 ciclos
34 residual
35 troveiro
36 chulo
37 poética
38 lamento alegre na praia

Antes

41 sinopse infantil
42 poema de curral
43 copo
44 Alteridade
45 em brasília, 19 horas
46 o que fica
47 rincão I
48 rincão II
49 Pródigo
52 Sequência
53 formação

54 divã
55 elementar
56 2/11
57 antigamente:
58 o homem pobre

Durante

61 farol
62 aula
63 escola
64 margem
65 esfinge
66 nihil
67 lamento de natal
68 palanque
69 diagnóstico
70 o nome da tristeza
71 de graça
72 fórmula
73 roceiro
74 curso

Depois

77 idade
78 coreografia
79 fusão
80 devir
81 teia

82 jasão
83 pecador
84 como quem pede perdão aos mortos:

Além

87 visão I
88 visão II
89 drama
90 teo agonia
91 oração
92 dioniso
93 apolo
94 afrodite
95 cristão
96 fé
97 explicação
98 aceitação

Agora

101 para mostrar que poderia
102 *para diane arbus*
104 nada há na alma a importar-se com a carne
106 Diário da paixão
107 bom vivant
108 cano
109 conversa
110 economia
111 casa

112 não
113 klimt
114 o beijo que não beijei alice
115 cronos
116 rodeio
117 teu nome caiu na minha boca,
118 doméstico
119 a cada dia mais um dia
120 do oco do bambu
121 paz onde? a nau singra
122 viva o boteco
123 quinta dos quintos
124 percurso
125 a carta
127 festa
128 ainda fazendo comida
129 tio
130 do lótus talos e tudo
131 auréola
134 sublime
135 stripper

© 2017, Joaquim Antonio Pereira Sobrinho
Todos os direitos desta edição reservados a
Laranja Original Editora e Produtora Ltda.

www.laranjaoriginal.com.br

Edição **Filipe Moreau e Germana Zanettini**
Projeto gráfico **Arquivo · Hannah Uesugi e Pedro Botton**
Produção executiva e foto do autor **Gabriel Mayor**

Texto revisado segundo o Novo Acordo Ortográfico
da Língua Portuguesa

Dados Internacionais de Catalogação na Publicação (CIP)
(Câmara Brasileira do Livro, SP, Brasil)

Pereira Sobrinho, Joaquim Antonio
    Torre inversa: (ainda, poesia) / Joaquim Antonio Pereira
    Sobrinho. — 2. ed. — São Paulo: Laranja Original, 2017.
    — (Coleção poetas essenciais; v. 6 / coordenação Filipe
    Moreau, Clara Baccarin)

    ISBN 978-85-92875-17-6

    1. Poesia brasileira I. Moreau, Filipe II. Baccarin, Clara
    III. Título. IV. Série.

17-08165   CDD-869.1

    Índices para catálogo sistemático:
    1. Poesia: Literatura brasileira 869.1

Fontes **Gilroy e Greta**
Papel **Pólen Bold 90 g/m²**
Impressão **Forma Certa**
Tiragem **300**